RECONNAISSANCE

DU

TOMBEAU DE BOSSUET

Par Mgr Auguste ALLOU, Évêque de Meaux,

ET

DISCOURS PRONONCÉ A CETTE OCCASION

Par M. RÉAUME,

CHANOINE, THÉOLOGAL DE LA CATHÉDRALE DE MEAUX.

NOVEMBRE 1854.

MEAUX.
A. LE BLONDEL, LIBRAIRE.

1854.

RECONNAISSANCE

DU

TOMBEAU DE BOSSUET.

Ed. Morin lith.   Dessiné d'après nat. par E. V...

BOSSUET
dans son tombeau
... Mai 1854

Paris, M^{on} Bassot, 33 rue de S^t...
et à Meaux, chez A... Blonde...

RECONNAISSANCE

DU

TOMBEAU DE BOSSUET

Par Mgr Auguste ALLOU, Évêque de Meaux,

ET

DISCOURS PRONONCÉ A CETTE OCCASION

Par M. RÉAUME,

CHANOINE, THÉOLOGAL DE LA CATHÉDRALE DE MEAUX.

NOVEMBRE 1854.

MEAUX.

A. DUBOIS, IMPRIMEUR DE L'ÉVÊCHÉ.

1854.

RECONNAISSANCE

DU

TOMBEAU DE BOSSUET.

Novembre 1854.

Bossuet avait demandé, par son testament, à être enterré dans sa cathédrale, auprès de l'autel, du côté de l'épître, aux pieds de ses deux prédécesseurs (MM. Séguier et de Ligny) (1).

Il faut observer qu'à l'époque de la mort de Bossuet (1704), le sanctuaire de la cathédrale de Meaux présentait un aspect tout différent de ce qu'il est aujourd'hui. Nous apprenons par des notes de l'abbé Ledieu, datées de 1707 (2), qu'il existait alors au fond du sanctuaire un autel de saint Blaise, dit aussi autel *Fidelium*, où se chantaient les obits du chœur. Le grand autel était placé à 3 mètres environ du fond du sanctuaire ; et d'après la description qui en est faite, la dernière marche devait s'avancer à peu près jusqu'à l'axe du second pilier. Le trône épiscopal, élevé par M. Séguier, était placé du côté

(1) Journal manuscrit de l'abbé Ledieu, p. 334.
(2) Petit manuscrit de la bibliothèque de M. Dassy-Desmarchais.

de l'évangile, entre le premier et le second pilier du sanctuaire.

Un certain nombre d'évêques avaient été enterrés dans le sanctuaire. Le procès-verbal du 29 avril 1723, pour la reconnaissance des tombes [1], mentionne plusieurs pierres tombales sans noms, principalement au milieu du sanctuaire ; puis, du côté de l'évangile, les tombes de Jean de Pierrepont, mort en 1510, et de Jean de Vieuxpont, mort en 1623 ; et du côté de l'épître, celles de Louis de Melun, mort en 1483, de Dominique Séguier, mort en 1659, de Dominique de Ligny, mort en 1681, et enfin celle de Bossuet.

Le cardinal de Bissy, successeur immédiat de Bossuet, fit exécuter de grands travaux dans le sanctuaire et le chœur de la cathédrale, à partir de l'année 1722. Pour ne parler que de ce qui concerne le sanctuaire, on démolit l'autel saint Blaise, et le grand autel en marbre vert fut construit à 2 mètres seulement du fond du sanctuaire. On supprima le trône épiscopal de M. Séguier, et un nouveau trône fut adossé au second pilier du côté de l'épître. Enfin, un caveau fut creusé sous le milieu du sanctuaire pour la sépulture des évêques, et toutes les pierres tumulaires furent enlevées pour faire un carrelage uniforme. Dans ce travail, on ne retira d'autres ossements que ceux qui se trouvèrent dans l'emplacement du caveau, et l'on ne toucha point aux corps des évêques qui reposaient de chaque côté du sanctuaire. Les pierres tumulaires portant

---

[1] Histoire de Meaux, par Rochard, tome VI, p. 486. Manuscrit de la bibliothèque de la ville de Meaux.

une inscription furent transportées dans diverses chapelles ; celle de Bossuet fut réservée pour être placée derrière le maître-autel. Elle avait été levée de sa place le mercredi de la Pentecôte, 7 juin 1724 (1).

Cette pierre de marbre noir, longue de 2 m. 27 c., large de 1 m. 13 c., porte l'inscription suivante :

A   Ω

Hic quiescit resurrectionem exspectans,
JACOBUS BENIGNUS BOSSUET,
Episcopus Meldensis,
Comes Consistorianus,
Serenissimi DELPHINI Præceptor,
Primus serenissimæ DELPHINÆ,
Deinde serenissimæ DUCIS BURGUNDIÆ
Eleemosynarius ;
Universitatis Parisiensis
Privilegiorum apostolicorum conservator,
Ac collegii regii Navarræ
Superior.
Obiit anno Domini M.DCC.IV.
Die XII aprilis,
Annos natus LXXVI, menses VI, et dies XVI.
Virtutibus, verbo, ac doctrina
Claruit in Episcopatu annos XXXIV.
E quibus Meldis sedit XXII.
JACOBUS BENIGNUS BOSSUET
ABBAS ST. LUCIANI BELLOVACENSIS,
ET ARCHIDIACONUS MELDENSIS
PATRUO COLENDISS. LUGENS POSUIT. (2)

(1) Voir la note A, ci-après.
(2) *Traduction.* Ici repose, attendant la résurrection, Jacques-

Au-dessus de cette épitaphe sont gravées les armoiries de Bossuet, d'azur à trois roues d'or, posées deux et une. Au-dessous de l'épitaphe sont des ornements épiscopaux et des livres figurés, sur lesquels on lit, au milieu, *Biblia sacra, sanctum J. C. Evangelium;* à droite, *Augustinus, Hieronymus, variations;* à gauche, *Athanasius, Gregor. Nazian. Exposition.* Ces ornements, ainsi que les armoiries, ont été presque complètement effacés en 1793. On espère pouvoir les rétablir prochainement.

Depuis le déplacement de cette vénérable tombe, et les nouvelles dispositions du sanctuaire, on avait perdu peu à peu le souvenir de l'emplacement précis de la sépulture de Bossuet. On savait par Ledieu et par Toussaint Duplessis (1) que Bossuet avait été enterré près du grand autel, du côté de l'épître. Rochard (2) dit que « le corps « de Mgr Bossuet est du côté de l'épître, près l'entre- « deux des deux premiers piliers du sanctuaire, en sorte

---

Bénigne Bossuet, évêque de Meaux, conseiller d'État, précepteur du sérénissime Dauphin, premier aumônier de la sérénissime Dauphine, et ensuite de la sérénissime duchesse de Bourgogne; conservateur des priviléges apostoliques de l'Université de Paris, et supérieur du collége de Navarre.

Il mourut l'an du Seigneur 1704, le 12 avril, âgé de 76 ans, 6 mois et 16 jours.

Il brilla par ses vertus, son éloquence et sa doctrine pendant un épiscopat de trente-quatre années, dont il passa vingt-deux sur le siége de Meaux.

Jacques-Bénigne Bossuet, abbé de Saint-Lucien de Beauvais, et archidiacre de Meaux, pleurant son oncle vénéré, a fait poser cette pierre sur sa tombe.

(1) Histoire de l'Église de Meaux, p. 545.
(2) Tome VI, p. 491.

« que présentement la tête se trouve sous les marches
« du trône de l'évêque. » Le cardinal de Bausset (1) place
le tombeau de Bossuet entre les deux piliers du sanctuaire
au pied de la dernière marche du grand autel, du côté
de l'épître (2).

Aucune de ces indications n'était suffisante. Aussi, lorsque les nombreux visiteurs de la cathédrale demandaient où reposait le grand évêque de Meaux, après leur avoir dit que l'épitaphe de Bossuet qu'ils avaient lue derrière l'autel, n'était plus à sa première place, on leur indiquait d'un geste un peu vague un espace assez considérable dans lequel devait se trouver le corps de Bossuet. Ce n'était pas assez pour répondre à une curiosité aussi générale que légitime. Depuis longtemps Mgr Auguste Allou éprouvait personnellement le désir de faire la reconnaissance de la sépulture de Bossuet, et de replacer sur cette tombe la pierre tumulaire qu'on y avait posée en 1704. Quelques réparations qui s'exécutent en ce moment au dallage du sanctuaire lui ont fourni l'occasion toute naturelle d'exécuter ce pieux projet.

Le mercredi 8 novembre 1854, vers midi, Monseigneur, accompagné de M. Fleurnoy, vicaire général, et de M. Verdier, chanoine, secrétaire de l'évêché, se rendit à la cathédrale et fit commencer une fouille à 50 centimètres environ des marches du trône épiscopal, du côté du chœur.

Au bout d'une heure, l'ouvrier avait percé une petite

(1) Histoire de Bossuet, édit. de 1819, tome IV, p. 412.
(2) Voir la note B, ci-après.

voûte, et à travers l'ouverture, on aperçut un cercueil de plomb qui avait été recouvert autrefois de planches de chêne, lesquelles tombaient de vétusté. D'après l'assertion de Rochard, que le corps de Bossuet était en partie engagé sous le trône épiscopal, on crut aussitôt avoir trouvé ce que l'on cherchait, et il est inutile de dire quelle fut l'émotion des assistants. Comme l'on apercevait que l'extrémité inférieure du cercueil, l'ouvrier se mit en devoir de détruire la cloison qui fermait ce caveau, afin de pouvoir y pénétrer; mais aussitôt une nouvelle voûte fut percée, et un nouveau cercueil de plomb était découvert aux pieds du premier. A travers l'ouverture de la voûte, M. Verdier lut sur une plaque de cuivre la date de 1704. Tous les doutes étaient dissipés; le corps de Bossuet était retrouvé! En peu d'instants, la plus grande partie de la voûte fut enlevée. On put descendre dans le caveau et vérifier l'inscription portant les armes et le nom de Bossuet. Un ouvrier pénétra sous la voûte du premier caveau et parvint à distinguer sur le plomb les lettres D. LI. C'en était assez. Dominique de Ligny repose sous le trône épiscopal, et Bossuet est encore aux pieds de son prédécesseur, suivant le désir qu'il avait exprimé (1).

L'heure des vêpres allait sonner, le travail fut suspendu, et après l'office, les membres du chapitre vinrent tous en corps, payer leur tribut de pieuse vénération à la mémoire de celui qui doit faire à jamais la gloire de l'église de Meaux.

Le lendemain, jeudi 9 novembre, on continua à dé-

(1) Voir la note C, ci-après.

molir la voûte du petit caveau, et l'on disposa les murs du pourtour de manière à recevoir une grande dalle de pierre de liais pour le fermer.

Le caveau qui renferme les restes de Bossuet est à 1 m. 75 c. du mur sur lequel pose la grille qui sépare le sanctuaire du bas-côté. Il a 2 m. 16 c. de longueur, 70 c. de largeur et 94 c. de profondeur. Il est formé de parois en maçonnerie de 12 centimètres d'épaisseur. La partie supérieure était fermée par une voûte légèrement arquée, à 40 centimètres environ au-dessous du pavé du sanctuaire. Le cercueil de plomb, long de 1 m. 78 c., marque assez bien la forme générale du corps humain. La partie qui renferme la tête est arrondie ; il y a un renflement prononcé pour les épaules ; le reste se rétrécit graduellement jusqu'aux pieds. A la hauteur de la poitrine, le cercueil porte une plaque de cuivre, longue de 30 centimètres et large de 22, sur laquelle on lit, sous les armes de Bossuet, l'inscription suivante, gravée en lettres majuscules :

Hic qviescit resvrrectionem expectans
Iacobvs Benignvs Bossvet Episcopvs Meldensis,
Comes Consistorianvs, Serenissimi Delphini
Præceptor, primvs Serenissimæ Dvcis —
Bvrgvndiæ Eleemosynarivs, vniversitatis
Parisiensis Privilegiorvm apostolicorvm
conservator, et Collegii regii Navarræ
Svperior, obiit anno Domini m d cc iv
die xii aprilis, annos natvs lxx-vi
menses vi et dies xvi
Reqviescat in pace.

Le cercueil est posé horizontalement sur une grosse planche de bois de chêne, portée elle-même sur trois barres de fer destinées à l'isoler. La tête est du côté de l'autel et les pieds touchent aux marches du sanctuaire.

Nous empruntons le récit détaillé de l'ouverture du cercueil de Bossuet à une lettre écrite sous l'impression même du moment, par M. Josse, vicaire général (1) :

« On sait que le tombeau de Bossuet était découvert depuis le 8 de ce mois. Mais l'exploration devait-elle s'arrêter là? Le respect dû aux restes mortels de Bossuet ne commandait-il pas de tenir son cercueil inviolablement fermé, et de laisser à la mort son secret? ou bien une pieuse curiosité n'était-elle pas légitime, et ne devait-on pas au nom de Bossuet, à sa mémoire, en raison même du respect qu'elle inspire, de constater l'état de son corps après un siècle et demi passé dans le tombeau? Ne devait-on pas désirer vivement de contempler ce que la mort avait pu épargner? Ce dernier et louable sentiment fut celui auquel s'arrêta Mgr l'évêque de Meaux, qui fixa le moment de l'ouverture du cercueil à midi et demi. L'opération devait être faite presque secrètement. En effet, si cette boîte de plomb ne renfermait que des restes décomposés, pourquoi offrir aux regards attristés un pareil spectacle?

« Sa Grandeur, accompagnée de ses vicaires généraux et de son secrétaire, avec le nombre d'ouvriers strictement nécessaire, se rendit à l'heure indiquée dans la cathédrale, dont toutes les portes avaient été soigneusement fermées. Il serait difficile de dire ce que la solitude et le si-

(1) Lettre adressée le 14 novembre au journal l'*Univers*.

lence du vaste édifice avaient d'imposant en ce moment. Monseigneur fit retirer le cercueil du petit caveau où il était resté. Au bout d'un quart d'heure, les ouvriers, avec des fers chauds, commençaient à desceller le couvercle de plomb. A une heure, la partie ronde qui recouvrait la tête était ouverte. On y trouva d'abord une légère couche de tan, puis une couche plus épaisse de plâtre pulvérisé, sous laquelle était une seconde couche de tan. Toutes ces matières furent enlevées avec la plus grande précaution. L'opération ne fut terminée qu'à une heure et demie. Le moment solennel approchait. Nous étions arrivés à une toile épaisse et forte, sous laquelle se dessinaient un peu vaguement les différentes parties du visage, depuis le front jusqu'au menton. On se demandait, quand ce voile serait écarté, ce que serait cette révélation d'outre-tombe ? La figure de Bossuet, épargnée par le temps, allait-elle apparaître avec cette majesté dont le portrait si connu de Rigaud porte le reflet ? Les uns l'espéraient. Ou bien devions-nous voir le résultat d'un long travail de décomposition, *un je ne sais quoi qui n'a plus de nom dans aucune langue !* On le craignait. Il y avait exagération dans l'espoir, exagération dans la crainte : la toile fut coupée ; nous en trouvâmes une seconde aussi forte que la première... puis une troisième... puis une quatrième, sous laquelle les formes du visage étaient mieux accusées... Nous étions en suspens... nous osions à peine respirer. Enfin, la quatrième enveloppe, aussi bien conservée que les autres, est incisée avec d'extrêmes précautions ; elle est écartée... Nous voyons Bossuet à découvert ! Bossuet *tel que la mort l'a fait !*

la tête légèrement penchée sur le côté droit, dans l'attitude d'un paisible sommeil. La mort, quelquefois plus cruelle, n'avait cependant pas épargné cette tête vénérable. C'est un crâne parfaitement conformé, solide encore, mais recouvert d'une peau desséchée, pour ainsi dire parcheminée. Des pommettes saillantes, un nez dont l'extrémité est déformée par suite de la destruction des parties cartilagineuses, une barbe un peu longue permettant à peine de distinguer la mouche et la moustache, la bouche entr'ouverte, les dents de la mâchoire supérieure parfaitement conservées, des yeux presque éteints au fond de leur orbite, telles sont les particularités que je puis mentionner. Le crâne présente une petite ouverture au front, un peu au-dessus de l'œil droit. Le tissu cutané, incisé perpendiculairement à cet endroit, s'est écarté. Cette ouverture, pratiquée à dessein, a dû servir à retirer le cerveau du crâne, qui est complètement vide. Bossuet a conservé ses cheveux. J'ai touché ces cheveux blanchis dans les travaux d'un glorieux apostolat. Mais que dis-je? Ce n'est plus cette chevelure blanche que nous nous représentons penchée sur le cercueil du grand Condé. L'action de la mort et du temps les a brunis. Ils sont devenus châtains : ce sont presque les cheveux blonds de la jeunesse. Quel spectacle? Nous étions en contemplation devant ce visage, si imposant encore dans le sommeil de la mort (1) ! A la vue

(1) Un artiste, chargé de restaurer les tableaux de la cathédrale, M. Maillot, a essayé de reproduire la figure de Bossuet *telle que la mort nous l'a faite*, et il y a réussi assez heureusement, quoique le crayon tremblât sous ses doigts. Ce dessin a été reproduit par la lithographie.

de cette bouche entr'ouverte, cette bouche d'or qui fut si éloquente, je me rappelais les paroles du premier Chrysostôme, qui brûlait de voir la poussière de la bouche de Paul, organe des mystères du Christ : *Pulverem videam oris hujus quo magna et arcana Christus locutus est !*

« Le secret du cercueil pouvait maintenant être révélé. On pouvait, sans effroi, sans horreur, voir le noble visage de Bossuet ; il parlait encore. Des cierges avaient été allumés autour du corps. MM. les chanoines, les ecclésiastiques de la ville, les principales autorités, les membres du conseil de fabrique, etc., furent immédiatement avertis et introduits avec plusieurs ecclésiastiques distingués qui s'étaient donné un pieux rendez-vous au tombeau de Bossuet, et parmi lesquels on remarquait M. Faudet, curé de Saint-Roch ; M. Martin de Noirlieu, curé de Saint-Louis-d'Antin, et M. Maret, doyen de la Faculté de théologie de Paris. Nous avions aussi auprès de nous le savant auteur des *Lettres sur Bossuet*, M. Poujoulat, et M. Floquet dont les doctes travaux sur Bossuet vont enfin être livrés à la publicité. On s'inclinait respectueusement au-dessus des restes de Bossuet ; on s'estimait heureux de les voir, de les contempler, de les toucher. Lorsque ce pieux empressement fut satisfait, le visage fut recouvert. Le reste du cercueil fut laissé intact. Alors Monseigneur annonça un *De profundis*, qu'il commença d'une voix émue ; aussitôt ecclésiastiques, laïques, magistrats, ouvriers, tous se mirent à deux genoux sur les dalles qui recouvrent le caveau funéraire de nos évêques, et récitèrent cette prière sublime d'humilité, de douleur et de confiance adressée à la miséricorde de Dieu, dont le regard trouve des taches jusque dans ses anges?

« La foule s'écoula vers trois heures. Les prières se continuèrent dans la soirée. De jeunes ecclésiastiques du séminaire, acceptant avec empressement le privilége offert à leur âge, passent cette nuit dans de pieuses veilles autour du cercueil vénéré. »

Dans la nuit du 14 au 15, la portion du couvercle de plomb qui recouvrait le visage de Bossuet, fut enlevée pour être remplacée par une glace qui fut scellée, après que l'on eut pris certaines précautions indiquées par la science pour arrêter les effets déjà sensibles du contact de l'air (1).

Monseigneur avait, de concert avec le chapitre, annoncé pour le mercredi, 15, à dix heures, un service solennel pour Bossuet et pour les évêques de Meaux, dont les corps reposent dans la cathédrale. Mercredi 15 novembre 1854, avant l'heure indiquée, le chœur était occupé par les membres du clergé, les autorités, les fonctionnaires publics et beaucoup d'autres personnes qui s'étaient rendues avec empressement à la cérémonie. Monseigneur célébra pontificalement la messe au milieu d'un profond recueillement, en présence du corps de Bossuet, placé au milieu du sanctuaire, entouré de flambeaux et surmonté des insignes de l'épiscopat. A la fin de la messe, M. Réaume, chanoine théologal, monta dans une chaire placée pour la circonstance à quelques pas du cercueil, et prononça un discours dans lequel il fit un bel et touchant éloge du génie puissant de Bossuet. La cérémonie fut terminée par les trois absoutes d'usage pour le service

(1) Voir la note D, ci-après.

d'un évêque; la première fut faite par M. Josse, archidiacre du Gâtinais; la seconde, par M. Fleurnoy, archidiacre de Brie, et la troisième, par Monseigneur.

Après le service, le corps de Bossuet resta exposé dans le sanctuaire, et une foule nombreuse, sans cesse renouvelée, vint le visiter; chacun voulait contempler, à travers le cristal, le visage du grand évêque de Meaux.

Jeudi 16 novembre, le corps de Bossuet resta encore exposé au milieu du sanctuaire, jusqu'aux vêpres canoniales inclusivement. Alors on chanta les vêpres des morts. Monseigneur, assisté de ses vicaires généraux, se rendit ensuite auprès du corps de Bossuet, autour duquel se placèrent MM. les chanoines, et Sa Grandeur fit une dernière absoute. Puis le cercueil vénéré fut replacé dans son caveau, sur lequel tous les ecclésiastiques jetèrent de l'eau bénite. Il est plus facile de comprendre que d'exprimer ce qu'avait de touchant et de solennel cet adieu suprême dit au corps de Bossuet, après une exhumation et un séjour de cinquante-deux heures devant l'autel où il avait prié autrefois.

Quelques moments après, le cristal du cercueil fut recouvert d'une plaque de cuivre, assujettie par des lames de fer, et portant cette inscription :

14 NOVEMBRE 1854.
RECONNAISSANCE
FAITE PAR MGR AUGUSTE ALLOU,
ÉVÊQUE DE MEAUX.

Enfin, une pierre de liais, longue de 2 m. 35 c. et large de 1 m. 17 c., fut posée sur le caveau funéraire pour remplacer la petite voûte qui avait été détruite (1).

Vendredi matin, 17 novembre, l'ancienne tombe de marbre noir, déplacée en 1724, fut scellée par-dessus la pierre qui tient lieu de voûte. Le corps de Bossuet fut ainsi rendu à sa dernière demeure, où il attend le jour de la résurrection : *Resurrectionem expectans*, comme le marque l'inscription placée sur sa poitrine.

L'Évêque de Meaux certifie la parfaite exactitude des faits ci-dessus exposés.

Meaux, le 25 novembre 1854.

† AUGUSTE, Évêque de Meaux.

(1) Voir la note E, ci-après.

NOTES.

A

Il s'est élevé quelque difficulté sur la date précise du déplacement de la pierre tumulaire de Bossuet. Rochard dit à la page 486, que la reconnaissance des tombes eut lieu le 29 avril 1723.

A la page 502, il dit : « Le Lundy septieme Juin de lad. année « 1723, L'on commença de Lever les dittes Tombes, par celles « des Evêques qui étoient dans le sanctuaire. »

« Et le Lundy 14ᵉ dud. mois L'on Enleva les Terres qui étoient « sur les Cercueils et corps qui étoient dans L'espace que devoit « tenir le caveau. »

A la page 491, après avoir donné l'épitaphe qui se trouve sur la tombe de Bossuet, il ajoute : « Ladite Tombe a été Levée de sa place « le Lendemain des festes de la Pentecôte Le 7ᵉ Juin 1724. »

On s'est demandé si cette date du 7 juin 1724 n'était pas une erreur. Était-il probable que la pierre tumulaire de Bossuet fut restée encore un an à sa place, lorsque l'enlèvement des tombes avait commencé le 7 juin 1723, et que dès cette époque on avait creusé le nouveau caveau. La date du 7 juin donnée pour les deux années 1723 et 1724 n'était-elle pas également de nature à augmenter les doutes ? Cependant, l'assertion de Rochard est incontestable ; car, en 1724, le mercredi, lendemain des fêtes de la Pentecôte, tombait précisément le 7 juin ; tandis que l'année précédente, le 7 juin était un lundi, comme Rochard le dit lui-même à la page 502, et le mercredi de la Pentecôte était le 19 mai. Ainsi, il demeure certain que la pierre tumulaire de Bossuet a été levée de sa première place le 7 juin 1724.

B

Claude Rochard, chirurgien de l'Hôtel-Dieu de Meaux, mort en 1765, à l'âge de 82 ans, avait une vingtaine d'années lors de la mort de Bossuet. Il nous a conservé très-minutieusement le détail de tous les travaux que le cardinal de Bissy fit exécuter dans la cathédrale, et ordinairement il est très-exact. S'il a dit que la tête de Bossuet se trouvait sous les marches du trône de l'évêque, il faut en conclure que le trône du cardinal était d'une dimension plus grande que celui qui existe aujourd'hui, car maintenant la tête de Bossuet se trouve à près d'un mètre de la dernière marche du trône épiscopal.

Quant au récit du cardinal de Bausset, il n'est pas à l'abri de toute critique. L'auteur suppose que Bossuet fut enterré dans un caveau qui s'étendait d'un côté jusqu'au marchepied du siége épiscopal, et de l'autre jusqu'à la grille qui sépare la nef du sanctuaire. Or : 1° il est certain qu'il n'y a jamais eu de caveau commun dans cet endroit. Les tombes ne sont que de simples fosses murées ; 2° à l'époque de la mort de Bossuet, le siége épiscopal était du côté de l'évangile ; 3° Rien n'indique qu'il y ait jamais eu de grille aux marches du sanctuaire ; dans tous les cas, cette grille eût séparé le sanctuaire du chœur et non de la nef, comme le dit l'auteur.

C

Le caveau qui renferme le cercueil de M. de Ligny a été presque immédiatement refermé. Il est à regretter qu'on n'ait pas vérifié en quel état se trouve aujourd'hui le corps du prédécesseur de Bossuet. Un ouvrier, qui a pénétré sous cette petite voûte, a déclaré que le plomb qui recouvre le cercueil n'était pas soudé, et qu'en regardant à l'intérieur, il avait aperçu très-distinctement des souliers et des étoffes encore assez bien conservés.

Le 21 novembre, Monseigneur a fait ouvrir le petit caveau qui renferme le cercueil de M. Séguier. Il est en tout semblable à ceux de Bossuet et de M. de Ligny. Il n'existe que quelques débris du cercueil de chêne. Le cercueil de plomb est bien soudé, mais le dessus est oxydé et percé en plusieurs endroits. M. le secrétaire de l'évêché, qui a pénétré dans ce caveau, a pu voir la tête du prélat n'offrant plus qu'une masse informe et noirâtre. On a trouvé, à la hauteur de la poitrine, deux inscriptions gravées sur deux plaques de cuivre, dont l'une avait été clouée sur le cercueil de chêne. Elles étaient presque complètement oxydées; toutefois, on a pu lire une grande partie des inscriptions, et notamment le nom de M. Séguier et l'année de sa mort.

Il est à remarquer que le caveau de M. Séguier, placé à gauche de celui de M. de Ligny, est plus éloigné, de près d'un mètre, de la marche du sanctuaire. Ce qui s'explique parfaitement, puisque d'après le procès-verbal de la levée des tombes, il devait y avoir, à côté de celle de Bossuet, entre celle de M. Séguier et la marche du sanctuaire, la grande tombe de Louis de Melun, longue d'environ 2 m. 40 c. Des fouilles ont été également faites en cet endroit. On n'y a point rencontré de voûte; mais à 1 m. 80 c. au-dessous du pavé du sanctuaire, on a trouvé un squelette, dont plusieurs ossements étaient encore assez bien conservés. Quelques parcelles de bois indiquent que le corps avait été renfermé dans un cercueil ordinaire. Autour du corps étaient plusieurs pots de terre remplis de charbon, particularité qui se rencontre fréquemment dans les anciennes sépultures.

La tête de Louis de Melun est placée à environ 1 mètre des marches du sanctuaire; les pieds sont du côté de l'autel. C'est le seul des quatre évêques dont les tombeaux ont été ouverts, qui ait été inhumé dans cette position; les trois autres ont la tête placée du côté de l'autel, conformément aux Rituels de Rome, de Paris et de Meaux, qui établissent cette distinction pour les prêtres.

D

RAPPORT *adressé à* Mgr Auguste ALLOU, *par le* Dr HOUZELOT, *sur l'état dans lequel il a trouvé la tête de Bossuet dans la nuit du 14 au 15 novembre 1854.*

MONSEIGNEUR,

Conformément à votre désir, mardi dernier, 14 de ce mois, vers dix heures du soir, je me suis rendu à la cathédrale, avec MM. de la Brunière et Frédéric Lhuile, à l'effet d'assister à une seconde ouverture du cercueil de Bossuet qui devait avoir lieu, pour substituer une glace à la portion du couvercle de plomb qui recouvrait le visage de l'illustre mort. Lorsque le plomb fut enlevé, on aperçut une couche de poudre composée de tan, de matières aromatiques et de plâtre qui remplissait les vides du cercueil. Cette poudre, enlevée avec soin, laissa voir la tête enveloppée d'un suaire bruni par son contact. Les quatre épaisseurs du linge qui la composaient ayant été écartées, la face parut.

La tête était dans un état de conservation aussi bon que possible après un siècle et demi. Elle se présentait de trois quarts, penchée à droite, un peu jetée en arrière, laissant apercevoir la racine des cheveux, longs, fins, colorés en brun rougeâtre par les substances conservatrices.

La peau brunie par le contact des matières de l'embaumement est ferme; appliquée sur ses os, elle laisse voir encore le bel ovale du visage parfaitement dessiné. Les cartilages du nez sont détruits. La bouche entr'ouverte laisse voir à la mâchoire supérieure la plupart des dents bien conservées. La langue est desséchée. La lèvre supérieure et le menton portent encore la moustache et la mouche assez apparentes. Les yeux sont détruits, et leurs débris, ainsi que ceux des paupières entièrement desséchées, remplissent les cavités orbitaires. La bosse frontale et les arcades sourcilières sont très-desséchées. Dans la partie correspondant aux sinus frontaux existe une dépression assez prononcée, au-dessus de laquelle se développe le front bombé, large et puissant.

Deux traits de scie dirigés d'avant en arrière sur le pariétal droit et sur le frontal jusque dans la portion orbitaire ont, lors de l'embaumement, divisé la voûte cranienne dans l'étendue d'un centimètre et demi transversalement. Le fragment osseux compris entre les deux traits de scie a dû être enlevé pour permettre de vider la tête et de l'embaumer ensuite. Maladroitement replacé, ce fragment a laissé, au-dessus de la voûte orbitaire, un trou que l'on aperçoit facilement; ce fragment est dénudé.

Des substances aromatiques préparées à l'avance furent déposées autour de la partie postérieure de la tête, et le suaire, roulé plusieurs fois sur lui-même, fut disposé de manière à encadrer la face ainsi complètement découverte.

Les choses étant en cet état, les ouvriers plombiers durent sceller la glace; il était minuit; je me retirai.

Telle est, Monseigneur, la part que j'ai été appelé à prendre dans ce que vous aviez prescrit; je n'oublierai jamais ce que j'ai vu; permettez-moi de vous exprimer toute ma gratitude pour votre bienveillance en cette occasion.

HOUZELOT,

Chirurgien en chef de l'hôpital général de Meaux.

E

Cette pierre employée pour recouvrir la tombe de Bossuet est une ancienne pierre tumulaire retirée, il y a quelques années, de la cathédrale. L'inscription qu'on a pu lire encore nous apprend qu'elle avait été placée sur la tombe de Jean de Vitry, chanoine, chantre de la cathédrale, mort en 1687 ou 1688, que Bossuet recommandait à l'abbé de Rancé comme un des meilleurs prêtres qu'on puisse connaître. (Édit. de Versailles. Lettres diverses, n° 138.)

Voici l'épitaphe de ce chanoine, à laquelle le dystique qui la termine donne un nouvel intérêt :

JOANNES DE VITRY
SACERDOS
PARISIENSIS, HUJUS
ECCLESIÆ CANONICUS
ET PRÆCENTOR. HIC
EXPECTO RESURRECTIONE
ET MISERICORDIAM
MORTUUS PRID. NON.
JULII AN. R. S. H. M. D. C.
LXXXVI...

CERNENS DISCE MORI VENIAMQUE PRECARE SEPULTO
SIC MIHI SICQUE TIBI PRODERIT ISTE LAPIS.

DISCOURS

PRONONCÉ A LA SUITE DU SERVICE FUNÈBRE

DU 15 NOVEMBRE 1854,

PAR M. RÉAUME,

CHANOINE, THÉOLOGAL DE LA CATHÉDRALE DE MEAUX.

Monseigneur,

Nous vous prierons d'abord d'accepter nos vifs remercîments pour les pieux hommages que vous nous appelez à rendre au plus illustre de vos prédécesseurs ; et nous ne doutons point que le sentiment de notre reconnaissance n'ait passé au cœur de toutes les personnes à qui le nom de Bossuet rappelle de si glorieux souvenirs. Le voyageur qu'attirait, dans ce temple, la renommée de celui qui semble le remplir encore de la majesté de sa parole, s'éloignait avec tristesse quand on n'avait répondu que par l'hésitation et le doute à ses questions sur la place où reposait la dépouille mortelle de cet homme incomparable. Grâce à vos soins, Monseigneur, ce lieu ne sera plus un secret pour personne, et il n'était pas possible de donner trop de pompe à la sainte cérémonie qui accompagne cette heureuse découverte.

La ville de Meaux, qui reçoit du seul nom de Bossuet un si grand éclat par tout l'univers, est ici dignement représentée, et nous offrirons nos félicitations à tous ceux qui font preuve de cœur et d'intelligence, en assistant à une solennité d'un si haut intérêt, et qui entrera désormais dans le domaine de l'histoire.

Chargé de la difficile mission de parler en face de cette tombe qui renferme le roi de l'éloquence, comment, dans une composition rapide et si restreinte, puis-je répondre aux sentiments de cette assemblée respectable et aux exigences d'un si vaste sujet? Je le sais, d'un autre côté, pour parler dignement de Bossuet, il faudrait être Bossuet lui-même.

Quelle gloire, Messieurs, quelle puissance de génie! La fécondité, la force, dans toute l'étendue du mot, la clarté, voilà les trois principaux caractères de ce prodigieux talent.

I. Tandis que nous courons péniblement à la recherche de quelques idées, Bossuet les moissonne sans effort, dans un champ sans limites. L'écrivain, vulgaire penseur, cache l'indigence des idées sous la multitude des paroles, sous les artifices d'une phraséologie pompeuse et sonore. Écartez ces ornements d'emprunt, ce faux luxe; pénétrez dans le fond des sujets, soumettez-les à l'épreuve rigoureuse de l'analyse et de la logique, presque sur tous les points, vous ne rencontrerez que le vide. La plupart des livres, et je parle de ceux qui ont de la réputation et du succès dans notre monde, ressemblent à ces salles vastes et retentissantes qui ne contiennent rien, sinon quelques vains échos dont l'oreille est frappée. Dans les œuvres de

Bossuet, vous ne trouvez pas seulement l'harmonie du style, les brillants éclairs de l'imagination, mais la vraie richesse, une nourriture abondante et substantielle qui rassasie l'âme, qui l'agrandit et la féconde.

Sans doute, Messieurs, il s'est rencontré des hommes en assez grand nombre qui, abordant un sujet spécial, ont su l'approfondir, l'illuminer, et en retirer une gloire justement méritée. Ainsi, les lettres, la jurisprudence, l'éloquence du barreau, les sciences exactes, la médecine, la peinture, l'histoire ecclésiastique et profane ont été explorées séparément par des hommes doués d'un véritable génie. Mais quelle variété merveilleuse dans Bossuet! Tandis qu'il occupe sans rival le trône de l'éloquence et attire tout le siècle après lui, il ouvre dans l'histoire des routes inconnues; sa main en trace le tableau avec cette grandeur de dessin, avec cette vigueur de pinceau et cet éclat de couleurs dont rien n'approche. En théologie, il résume la grande école dont S. Thomas est le chef immortel; en philosophie, il s'élève à la hauteur de S. Augustin. Socrate, Platon, Aristote, Cicéron sont dépassés de toute la distance qui sépare le crépuscule du plein midi. La politique présente, sous sa plume, une largeur d'idées, une sagesse de vue, une pureté de morale, des leçons de justice et d'humanité qui contrastent singulièrement avec cette politique mensongère qui a abreuvé de sang et couvert de révolutions notre sol mal affermi. Polémiste infatigable, jamais la science ne lui fait défaut, jamais l'emportement ne remplace la raison. Il abat sous ses coups athlétiques l'hérésie audacieuse, en révolte contre l'Église épouse de J. C.; il la démasque sous chacun des travestissements dont elle se couvre; il la distingue sous chacune des ruses où elle se cache avec une persévérante et redoutable habileté. L'erreur la plus subtile n'a pas de secret pour ce génie prévoyant. Quelques heures de loisir consacrées à la science anatomique, lui ont permis d'en parler comme un maître.

Et cependant, Messieurs, au milieu de tant de graves préoccupations, auxquelles l'éducation de l'héritier du trône vient ajouter des soins si importants et si multipliés, Bossuet se souvient qu'il est évêque, pasteur des âmes, et il ne néglige aucun des devoirs de sa sainte dignité. Il visite son diocèse; il prêche; il se rend l'âme de toutes les œuvres; il anime et dirige sans cesse son clergé... Ce précepteur des rois, l'orateur qui immortalisait deux reines et le grand Condé lui-même, Bossuet enfin, composait un catéchisme pour les jeunes enfants, traduisait le paroissien à l'usage des plus humbles fidèles, et préparait aux pauvres mourants des prières où l'on sent une douce onction de piété qui attendrit l'âme, et une ardeur de foi qui l'ouvre aux plus consolantes espérances.

II. Chose extraordinaire! la multiplicité et la surprenante variété des travaux ne détendent jamais les ressorts de cette puissante intelligence : le génie de Bossuet s'abaisse, descend, non point par lassitude, mais par un mouvement de bienveillance; il a échappé aux défaillances de la vieillesse, et il était encore plein de jeunesse lorsque son enveloppe matérielle s'écroulait. Aussi avons-nous remarqué qu'il porte partout le cachet de la grandeur et de la force, mais d'une grandeur et d'une force dont nul autre n'a le secret.

Quand j'entreprendrais, Messieurs, l'éloge et l'énumération des chefs-d'œuvre de Bossuet, (et quel écrivain en a produit en aussi grand nombre?) je ne vous apprendrais rien que vous ne sachiez ; je n'ajouterais rien à votre admiration. Vous avez entendu ces coups de tonnerre par lesquels il rabaisse les grandeurs de ce monde; vous avez recueilli plus d'une fois les nobles et touchants accents de sa douleur sur la tombe du héros de Fribourg et de Rocroi, son ami... Mais pour concevoir une juste idée de la force de Bossuet, il faut l'étudier en détail. Car, Messieurs, il n'est pas rare, je le répète, de rencontrer des hommes qui sont grands dans quelques occasions, à certains intervalles : l'être à peu près toujours et partout, voilà le privilége d'un très-petit nombre d'esprits; voilà, en particulier, l'incontestable privilége de Bossuet. Certes! je ne veux pas affirmer que dans Bossuet chaque œuvre atteigne le suprême degré de la perfection et du mérite; après tout, Bossuet était homme, et enfermé dans le cercle étroit du temps qui va plus vite que les esprits les plus prompts. Ce que je veux dire, c'est que dans chacun de ses traités, hélas ! trop méconnus en notre siècle frivole, dans ses ouvrages de polémique, dans sa correspondance, dans ses simples ébauches, partout il a laissé le reflet visible et frappant de son génie créateur. Il n'y a pas une page où l'on ne retrouve ses aperçus neufs, ses pensées profondes, son tour si vif, son expression si saisissante, et ces jets de lumière qui éclairent tout d'un coup les plus lointains horizons.

Faut-il s'étonner que Bossuet ait créé une langue aussi neuve et aussi originale que ses idées; qu'il donne à ses expressions un tel caractère d'énergie qu'on croit l'entendre quand on le lit, et à son style une telle majesté d'élocution que l'idiome dont il se sert semble changer de caractère et se diviniser en quelque sorte sous sa plume? Ah! c'est que tout homme parle comme il sent; et si toute vive passion invente une langue et des images qui lui sont propres, comment, dans Bossuet, des mots ordinaires et une expression commune suffiraient-ils à des idées d'une magnificence et d'une énergie dont rien n'approche?

III. J'avoue, Messieurs, que ce qui m'étonnerait plus encore, si j'étais étranger à la foi de Bossuet, c'est la clarté admirable qui accompagne toujours ses idées les plus élevées et dans tous les genres qu'il a embrassés. En parcourant les écrits des philosophes, quels qu'ils soient, l'esprit a besoin d'un effort soutenu, pour suivre le fil de leurs idées, le sens à peu près exact de leur langage, et on est loin d'y parvenir toujours. Quant aux philosophes qui bâtissent des systèmes en dehors de la révélation chrétienne et du flambeau catholique, l'entreprise reste au-dessus des forces humaines, et la raison en est simple, ils ne se comprennent pas eux-mêmes. Ce n'est point pour la vérité qu'ils travaillent, c'est contre la vérité qu'ils conspirent; « ce sont des hommes, dit Bossuet, « d'après S. Augustin, qui se tourmentent beaucoup pour « ne pas trouver ce qu'ils cherchent, qui s'enveloppent

« eux-mêmes dans les ombres de leurs propres ténèbres,
« qui soufflent sur de la poussière et se jettent de la terre
« dans les yeux ; *sufflantes pulverem et excitantes terram*
« *in oculos suos* (1). »

Les écrivains les plus jaloux de la clarté s'en éloignent parfois malgré eux, parce que leur esprit n'est éclairé que par un côté et n'aperçoit la vérité que sous une face. Il n'y a pas de nuit pour Bossuet ; il n'y a presque pas d'ombre. Semblable à l'aigle auquel on l'a si justement comparé, il plane à des hauteurs d'où son regard perçant découvre tout, embrasse tout ce qu'il est donné à l'homme de saisir et de voir. La vérité lui apparaît dans un jour si lumineux et si complet, il l'expose avec une telle lucidité, qu'elle pénètre l'âme tout entière, et qu'on ne songe pas qu'elle puisse être plus parfaitement démontrée. Avez-vous jamais entendu discuter ces questions : qu'a voulu dire Bossuet dans tel passage ? quel est le sens précis de telles ou telles paroles ? Quoi de plus satisfaisant pour l'esprit et le cœur que les *Méditations sur l'évangile*, la plus grande partie des *Élévations sur les mystères*, le *Traité de la concupiscence*, le *Discours sur la vie cachée en Dieu* ? Et quelle intelligence ne recueillerait, à la lecture de ces œuvres spirituelles, des fruits précieux d'édification et une science de la religion devenue trop rare parmi les chrétiens de nos jours ?

Une femme du monde, revenue aux pratiques de la religion et désirant réparer son éducation fort défectueuse, au point de vue chrétien, reçut le conseil de lire Bossuet.

(1) Oraison funèbre de Nicolas Cornet.

Elle témoigna, à ce nom, un vif étonnement. Que comprendrai-je, disait-elle, dans un auteur de si haute renommée? Cependant elle se mit à cette lecture, y prit un goût extraordinaire, et ne pouvait se lasser d'admirer qu'un si grand génie fût aussi clair à ses yeux.

Vous trouverez peut-être, Messieurs, ce détail trop familier dans un sujet aussi relevé; mais c'est, à mon avis, le plus éloquent panégyrique de Bossuet. Qu'importe, en effet, qu'un écrivain religieux ait du génie, si ce génie doit demeurer enfermé dans des livres comme dans une forteresse, et ne céder qu'aux efforts de quelques savants? La vérité appartient à tous, et c'est la gloire de Bossuet de l'avoir rendue transparente, accessible à tous, même quand il l'expose par son côté le plus divin. Qu'on ne me vante pas les prétendus *arcanes* de la philosophie, la science profonde et mystérieuse que les dupes supposent cachée sous des feuillets inintelligibles; tout cela n'est qu'une orgueilleuse pauvreté mal déguisée, et une faillite certaine de la raison.

Mais quelle est donc la puissance qui a formé ce grand génie? quel est donc le foyer lumineux où il va puiser l'intuition des plus sublimes mystères, et découvrir les causes secrètes des révolutions des peuples à travers les siècles? Ah! si nous paraissions l'oublier, une voix vibrante sortirait de cette tombe et nous crierait: La religion chrétienne, la religion seule! Oui, Messieurs, et vous le savez d'ailleurs, le génie de Bossuet est avant tout, par-dessus tout, le génie catholique. Je veux vous redire encore cette profession de foi dans laquelle le pontife chrétien a épanché

son cœur et son âme : « Sainte Église romaine, mère des
« Églises et mère de tous les fidèles, Église choisie de Dieu
« pour unir ses enfants dans la même foi et la même cha-
« rité, nous tiendrons toujours à ton unité par le fond de
« nos entrailles. Si je t'oublie, Église romaine, puissé-je
« m'oublier moi-même ! Que ma langue se sèche et demeure
« immobile dans ma bouche, si tu n'es pas toujours la
« première dans mon souvenir, si je ne te mets pas au com-
« mencement de tous mes cantiques de réjouissance (1) ! »

C'est dans la méditation constante des vérités chrétiennes
que Bossuet a tout pris, cette fécondité, cette force, cette
clarté que nous venons de passer en revue, ses images si
grandioses, son éloquence si pathétique, son style même
si énergique et si inimitable.

Comme S. Augustin, comme S. Thomas, Bossuet n'a
pas simplement aimé la religion, parlé de la religion, dé-
fendu la religion catholique; il s'est identifié avec elle, il
en est devenu, pour tous les siècles, une vivante person-
nification. Sa grande âme s'est enivrée dans la contemplation de ces beautés toujours anciennes et toujours nouvelles ; sous les feux de ce soleil divin, son génie a pu
déployer en liberté ses ailes immenses, et habiter paisible
dans la région supérieure où les nuages cessent de monter.
Qui de nous n'applaudira à ces paroles d'un de nos plus
habiles écrivains (2)? « Grand homme, le privilége du su-
« blime te fut donné, et rien n'est durable comme l'admira-
« tion que le sublime inspire. Soit que tu racontes les ren-

(1) Discours sur l'unité de l'Église.
(2) Villemain. *Mélanges de littérature.*

« versements des États, soit que dans l'impétueuse richesse
« de tes sermons à demi-préparés tu saisisses, tu entraînes
« toutes les vérités de la morale et de la religion, partout
« tu agrandis la parole humaine, tu surpasses l'orateur an-
« tique, tu ne lui ressembles pas. Réunissant une imagina-
« tion plus hardie, un enthousiasme plus élevé, une fécon-
« dité plus originale, une vocation plus haute, tu sembles
« ajouter l'éclat de ton génie à la majesté du culte public,
« et consacrer, pour ainsi dire, la religion elle-même. Si,
« comme l'orateur romain, tu célèbres les guerriers de la
« légion de Mars, tombés au champ de bataille, tu donnes
« à leurs âmes cette immortalité que Cicéron n'osait pro-
« mettre qu'à leur souvenir; c'est Dieu lui-même que tu
« charges de la reconnaissance de la patrie. »

Grâce à la religion catholique, Bossuet n'est pas un de ces génies néfastes qui ne brillent dans le monde que pour le consterner. Ce n'est point, pour me servir d'une de ses comparaisons, un torrent impétueux qui, descendu des montagnes, va porter sur son passage la dévastation et l'effroi, mais un de ces fleuves qui roulent majestueusement dans la plaine leurs eaux limpides, et répandent partout la fraîcheur, l'abondance et la paix.

Grâce à la religion catholique, on peut montrer cette tombe, évoquer ces grands souvenirs, sans mettre en péril l'ordre public; on peut prononcer bien haut ce nom illustre sans que la morale la plus sévère ait à s'alarmer, sans que la pudeur ait à cacher son visage. Voilà, Messieurs, comment la religion sépare Bossuet des prétendus réformateurs et des prétendus philosophes à qui la justice de Dieu demandera un compte si rigoureux, en face de leurs tristes victimes, en face de la religion et de la patrie en deuil et couvertes de plaies désolantes.

Enfin, grâce à la religion, l'éloge de Bossuet peut être entrepris sans restriction ni arrière-pensée, aux pieds mêmes de ces autels sacrés, dans le sanctuaire du Dieu de la paix, de l'ordre, de la justice et de la vertu. Car Bossuet non-seulement courba son front devant la majesté de l'Église catholique, écouta sa voix avec la docilité du plus humble disciple, avec le respect d'un enfant bien élevé pour la parole de sa mère, il connut aussi tous les secrets de la piété du simple fidèle; il aima Dieu; il le servit avec la même effusion de cœur, le même abandon, la même humilité de dévotion qu'on remarque dans la pauvre femme du peuple. Si grand aux yeux des anges et des hommes, il est resté petit à ses propres yeux; il a baisé la poussière de ce temple où réside le Dieu qu'il adorait avec une foi sans réserve.

Jeunes élèves du sanctuaire, lévites de la sainte tribu, recueillez aujourd'hui de précieux souvenirs en présence de cette tombe, et apprenez à aimer Bossuet, à en faire un jour le compagnon de votre solitude. Lisez et relisez encore, relisez toujours ces œuvres immortelles et fécondes qu'il nous a laissées; méditez-les le jour et la nuit, et vous y trouverez des trésors de science aussi utiles pour vous que pour les peuples qui vous seront confiés. Ah! que je plains les hommes intelligents et instruits, qui ne connaissent Bossuet qu'à la surface de leur esprit, par le seul bruit qui en court dans le monde! de combien de ressources ils se privent ! Que je plaindrais un ministre des autels qui passerait à côté de cette source inépuisable sans y boire à longs traits, sans se rassasier des richesses qui en découlent ! Soyez tous remplis de ces vives lumières ; élevez-vous par cette grandeur ; réjouissez-vous à ce magnifique spectacle d'un génie si éminent et si chrétien. C'est ici surtout qu'on peut appliquer en toute vérité ces paroles d'un auteur célèbre : « Mesurez votre intelli-« gence et les progrès de votre esprit sur le goût et l'admi-« ration que vous sentirez pour Bossuet (1). » Ce grand homme a rencontré la sottise sur son passage, mais il n'a pas eu la douleur dont nous souffrons, de voir la sottise railleuse, la sottise incrédule au nom de je ne sais quel bel esprit. Dites à ces intelligences rétrécies, dévoyées et dignes de pitié, qu'il n'y a pas trop d'abaissement à marcher à la suite de Bossuet, à croire ce qu'il a cru, à pratiquer ce qu'il a observé avec un soin si scrupuleux. Rappelez-leur qu'un génie de premier ordre, Napoléon, ne traitait pas les choses avec ce dédain. Quand on lui parlait de ces branches bâtardes apportées de Wittemberg ou de Genève, il répondait : « Moi, je suis de la religion de Bossuet. » Et de fait, c'est la religion de Bossuet qui consola les derniers jours de son cruel exil ; c'est la religion de Bossuet qui bénit son passage du temps à l'éternité. Cet héritage d'admiration et de foi catholique a passé à son auguste successeur ; et, grâce à sa paternelle sollicitude, c'est encore la religion de Bossuet qui bénit nos soldats, qui les console, qui panse

(1) *Ille se multùm profecisse sciat cui Cicero valdè placebit*. Quintilien.

leurs blessures, qui les prépare à la couronne des cieux, loin de la patrie pour laquelle ils souffrent, pour laquelle ils versent leur sang généreux.

Pour vous, Messieurs, hommes du monde, occupés d'affaires et d'emplois qui ont bien aussi leur importance et leur gloire, quand on y apporte votre activité et votre zèle, permettez-moi de vous recommander la lecture attentive de Bossuet. Allez rallumer votre intelligence à ce flambeau vivant et permanent. Laissez aux âmes vaines les vaines et ruineuses lectures de tant de livres qui n'apprennent rien, qui ne servent à rien, sinon à fausser l'esprit, à le repaître de chimères ou de mensonges, à l'éteindre, à le dégrader. Consacrez vos quelques heures de loisir à vous relever avec ce noble génie, à savourer les grandes pensées, à vous nourrir des plus pures et des plus éclatantes vérités, à apprendre cette religion qu'on ignore tant dans le monde, dont chacun de nous a besoin, et qui sera toujours, dans la famille, le plus précieux héritage. Les affaires de cette terre lassent vite et jettent souvent sur l'âme un voile sombre, au fond du cœur un sentiment d'amer dégoût; la société de Bossuet vous soutiendra, vous éclairera, ranimera en vous la flamme de la charité et de la compassion fraternelle, souvent prête à s'éteindre.

Messieurs, quelle que soit votre situation au dehors, vous appartenez à la condition humaine; les épreuves si nombreuses et si douloureuses de cette vie vous ont fait sentir déjà la pointe de leurs épines ou vous la feront sentir quelque jour. Hélas! que la joie est courte, que la peine est persévérante, que les jours comptent de ces *longs ennuis* dont parle Bossuet ! Relisez ces belles pages, Messieurs, et vous saurez bientôt quel baume elles renferment pour toutes les blessures, quelle consolation efficace elles offrent au cœur abattu, quelles douces espérances elles laissent toujours aux états les plus désolés.

Nous tous qui avons eu le rare bonheur de pouvoir contempler les derniers traits de cette tête vénérable, gardons-en religieusement le souvenir, comme d'une grande époque dans notre vie ! La voilà sans doute « telle que la mort nous l'a faite ; » mais il semble que la mort l'ait traitée avec une sorte de respect, et je ne sais quelle étincelle de vie on croit voir rayonner encore au fond de ce cercueil. Ne vous semble-t-il pas entendre Bossuet lui-même, nous montrant du doigt les ravages de sa tombe, répéter ces mémorables paroles : « Il ne restera plus en
« vous pierre sur pierre ; tout ira en désordre, en confu-
« sion, en décadence effrayante... (1) Vanité des vanités,
« et tout est vanité... La santé n'est qu'un nom, la vie
« n'est qu'un songe, la gloire n'est qu'une apparence,
« les grâces et les plaisirs ne sont qu'un dangereux amu-
« sement ; tout est vain en nous, excepté l'aveu que nous
« faisons devant Dieu de nos vanités et le jugement ar-
« rêté qui nous fait mépriser ce que nous sommes... (2)
« Vive l'Éternel ! ô grandeur humaine ! de quelque côté
« que je t'envisage, sinon en tant que tu viens de Dieu
« et que tu dois être rapportée à Dieu, car, en cette sorte,

(1) Sermon sur la bonté et la rigueur de Dieu à l'égard des pécheurs.
(2) Oraison funèbre de la duchesse d'Orléans.

« je découvre en toi un rayon de la divinité ; mais en tant
« que tu es purement humaine, je le dis encore une fois,
« de quelque côté que je t'envisage, je ne vois rien en toi
« que je considère, parce que de quelque endroit que je
« te tourne, je trouve toujours la mort en face, qui ré-
« pand tant d'ombres de toutes parts, sur ce que l'éclat
« du monde voulait colorer, que je ne sais plus sur quoi
« appuyer ce nom auguste de grandeur, ni à quoi je puis
« appliquer un si beau titre (1). » O Bossuet, aide-nous à
arrêter souvent nos pensées sur ces tristes, mais irrésis-
tibles vérités, et à chercher la véritable gloire, les biens
solides où tu as su les chercher toi-même. Nous en avons
la conviction, tu vois maintenant à découvert ces clar-
tés éternelles dont tu as soulevé le voile dès ici-bas ; tu
possèdes le Dieu que tu as aimé et servi ; tu as reçu le
prix de tes longs et glorieux combats : pieux pontife,
abaisse ton regard sur nous qui sommes toujours tes
enfants, étends ton bras pour nous bénir, fais passer dans
nos âmes ta foi si vive et si pure, afin qu'un jour, *servi-
teurs inutiles*, mais *fidèles*, nous prenions part avec toi à
la seule véritable immortalité.

(1) Sermon sur la mort.

www.ingramcontent.com/pod-product-compliance
Lightning Source LLC
Chambersburg PA
CBHW061011050426
42453CB00009B/1372